W0316975

Herzliche
Anteilnahme

GROH

Wenn ein *geliebter* Mensch
stirbt, bleiben wir mit
unbeschreiblichem Kummer zurück.
Glückliche Erinnerungen
an die *gemeinsame Zeit*,
die uns geschenkt war,
stimmen uns traurig,
aber sie trösten uns auch.

Denn selbst wenn wir
den Menschen loslassen
müssen – seine Liebe bleibt.
Die Liebe ist unvergänglich.
Sie umfängt uns und gibt uns
täglich Kraft, Mut
und neue Hoffnung.

Ich glaube, dass wenn der Tod
unsere Augen schließt,
wir in einem *Lichte* stehen,
von welchem unser Sonnenlicht
nur der Schatten ist.

ARTHUR SCHOPENHAUER

Sprich nicht voller Kummer
von meinem Weggehen,
sondern schließe deine Augen,
und du wirst mich unter euch sehen,
jetzt und immer.

KHALIL GIBRAN

Die *Erinnerung* ist das einzige Paradies, aus dem wir nicht vertrieben werden können.

JEAN PAUL

Das schönste Denkmal, das
ein Mensch bekommen kann,
steht in den Herzen
seiner Mitmenschen.

ALBERT SCHWEITZER

Vielleicht ist es
der tiefste Sinn *der Liebe*,
dass wir den geliebten Menschen
freigeben.

ZENTA MAURINA

Ich bin nicht tot,
ich tausche nur die Räume.
Ich leb' in euch und geh
durch *eure Träume*.

MICHELANGELO

Unsere Toten sind nicht abwesend,
sondern nur unsichtbar. Sie schauen
mit ihren Augen voller Licht
in unsere Augen voller Trauer.
AUGUSTINUS VON HIPPO

Wenn wir Abschied nehmen müssen,
schenkt uns die Liebe die tröstende
Wärme glücklicher Erinnerungen
und eine *innere Nähe*, die uns
selbst der Tod nicht nehmen kann.

IRMGARD ERATH

Ein Mensch geht von uns.
Aber er lässt uns seine Liebe,
seine Heiterkeit, seinen Ernst,
seine Weisheit; er lässt uns
seinen Geist zurück, mit diesem
lebt er unter den Seinigen weiter,
helfend und *tröstend*.

AUGUST LÄMMLE

Wenn durch einen Menschen
ein wenig mehr Liebe und Güte,
ein wenig mehr Licht und Wahrheit
in der Welt war, hat sein Leben
einen Sinn gehabt.

ALFRED DELP

Das ist das Größte,
was dem Menschen gegeben ist,
dass es in seiner Macht steht,
grenzenlos zu lieben.
THEODOR STORM

Was man tief
in seinem *Herzen* besitzt,
kann man nicht durch
den Tod verlieren.

JOHANN WOLFGANG VON GOETHE

Nur in der Tiefe der Seele, mithilfe
jener Kraft, die stärker ist als
alle Vernünftigkeit, kann Trost und
Ruhe gefunden werden.
WILHELM BUSCH

Ihr, die ihr mich lieb habt,
seht nicht auf das Leben, das ich
beende, sondern auf *das Leben*,
das ich beginne.

AUGUSTINUS VON HIPPO

Wenn du traurig bist,
dann schau in dein Herz und
du wirst erkennen, dass
du weinst um das,
was dir *Freude* bereitete.

KHALIL GIBRAN

Leuchtende Tage –
weine nicht, dass sie vorüber,
sondern *lächle*,
dass sie gewesen.

KONFUZIUS

Alles verändert sich,
aber dahinter ruht *ein Ewiges.*

JOHANN WOLFGANG VON GOETHE

Dankbarkeit und Liebe
sind *die Engel* des Abschieds.

EWALD CHRISTIAN VON KLEIST

Warum sollte ich
aus *dem Sinn* sein, nur weil ich
aus dem Blick bin? Was auch immer
wir füreinander waren, sind wir
auch jetzt noch.

ANNETTE VON DROSTE-HÜLSHOFF

Hoffen heißt:
die Möglichkeit
des Guten erwarten.

SØREN KIERKEGAARD

Wer *im Gedächtnis*
seiner Lieben lebt, der ist nicht tot.
Der ist nur fern. Tot ist nur,
wer vergessen wird.

IMMANUEL KANT

www.groh.de
facebook.com/grohverlag
instagram.com/grohverlag

ANTEILNAHME VIEL KRAFT

TROST ZUVERSICHT

STILLE

GEDANKEN

Wieder BEISTAND

neuen

Mut

SCHENKEN

Der Verlust eines geliebten Menschen trifft uns schwer. Es bleibt eine Lücke, die sich nicht schließen lässt. Oft stellt sich die Frage nach dem „Warum?“, auf die wir keine Antwort haben. In dieser schweren Zeit die richtigen Worte zu finden und Kraft zu spenden, ist nicht leicht. Wir hoffen, dass uns dies gelungen ist und zu vermitteln: Auch in der Zeit der Trauer gibt es einen Menschen, der an Ihrer Seite ist – Sie sind nicht allein.

Ihr Groh Team

Dieses Buch entstand in enger Zusammenarbeit mit meiner Kollegin Kathrin Brosig. Vielen Dank an alle Beteiligten, Stefanie Pfennig

Idee und Konzept: GROH Verlag. Das Werk einschließlich seiner Teile ist urheberrechtlich geschützt. Jede Verwertung außerhalb der engen Grenzen des Urheberrechtsgesetzes ist ohne Zustimmung des Verlages unzulässig und strafbar. Das gilt insbesondere für Kopien, Einspeicherung und Verarbeitung in elektronischen Systemen.

Textnachweis: Wir danken allen Autoren bzw. deren Erben, die uns freundlicherweise die Erlaubnis zum Abdruck von Texten erteilt haben, sowie dem CH. Beck Verlag für das Zitat von Albert Schweitzer auf S. 11, © Verlag C.H.Beck oHG, München und dem Maximilan Dietrich Verlag für das Zitat von Zenta Maurina auf S. 12, aus: Zenta Maurina, Über Liebe und Tod, S. 135 Maximilian Dietrich Verlag, Memmingen.

Bildnachweis: Cover: Getty Images/EyeEm/Sang Ho Lee, Shutterstock/Flas100; Innenteil: Shutterstock/Flas100 (Papierhintergrund); S. 5: Getty Images/Moment/Thomas Gloning; S. 8: Getty Images/E+/borchee; S. 11: Shutterstock/Lambros Kazan ; S. 12: Shutterstock/Kostiantyn ; S. 15: Shutterstock/Matt Gibson ; S. 16: Shutterstock/Jenny Sturm ; S. 19: Getty Images/500px/Walther G. Halavin; S. 20: Getty Images/Moment/Lisa Sieczka; S. 23: Shutterstock/DimaBerlin ; S. 24: Shutterstock/Pajor Pawel ; S. 26: Shutterstock/Bogachyova Arina; S. 28: Getty Images/Moment/Nick Brundle Photography; S. 30: Shutterstock/This Is Me ; S. 33: Shutterstock/Olga_i; S. 35: Getty Images/500px Prime/Till Hösli; S. 36: Getty Images/Moment/john finney photography; S. 39: Shutterstock/alexkich; S. 41: Getty Images/EyeEm/George Morgan; S. 42: Getty Images/Moment/Photo by Supoj Buranaprapapong; S. 45: Masterfile Premium RF.

Layout: Dipl. Grafik Designerin Doris Wohofsky

Gesamtherstellung: AZ Druck und Datentechnik GmbH, Kempten

Herzliche Anteilnahme
ISBN 978-3-8485-2259-0
© GROH Verlag GmbH, 2020

FSC
www.fsc.org
MIX
Papier aus verantwortungsvollen Quellen
FSC® C008457

2 3 4 5